Prize; 1996 Peggy Ramsay Mem............., ..o-, ... a string of poetry and prose awards and prizes. In 1996 *Alien Crop* was shortlisted as the Saltire Book of the Year and *Sooans Nicht* was Critics Play of the Year. *Not for Glory* featured on the 2003 World Book Day Scottish 10 book shortlist. Her work has been published in English in the US, Australia, and Malaysia; translated into Russian, Lithuanian, Slovak, Catalan, Spanish, Hungarian, Ukrainian, German, Italian, Portuguese and Dutch; and includes poems, stories and plays for children and young people. She lives in a village near Falkirk.

By the same author:

POETRY
Reading the Bones
Ye Cannae Win
Alien Crop
Biting through Skins
Pegasus in Flight

FICTION
Warrior Daughter
White Rose Rebel
Wicked!
Not for Glory
Wildfire

PLAYS
The Lasses, O
Double Yella
Silver Bullet
Diary of a Goth
Winding String
Deep Rising
Curds and Cream
Refuge
Straitjackets

CO-AUTHORED PLAYS
Sooans Nicht
Bill & Koo
For Want of a Nail

Sang fur the Wandert

Poems in Scots and English

JANET PAISLEY

Luath Press Limited
EDINBURGH
www.luath.co.uk

First published 2015

ISBN: 978-1-910021-40-8

The publishers acknowledge the support of

CREATIVE SCOTLAND
ALBA | CHRUTHACHAIL

towards the publication of this volume.

The paper used in this book is recyclable. It is made from
low chlorine pulps produced in a low energy, low emissions manner
from renewable forests.

Printed and bound by
Bell & Bain Ltd., Glasgow

Typeset in 10.5 point Sabon
by 3btype.com

The authors' right to be identified as author of this work under the
Copyright, Designs and Patents Act 1988 has been asserted.

© Janet Paisley

Contents

Acknowledgements	9
Twa Leids	11
Scotland	12
Scotland *translation*	14
Bairn-caa	16
First Born	17
Scots Epigrams	19
Wi Thur Twa Rings	20
With These Rings *translation*	22
Waddin	24
Fitpreents	25
Hinniebee, Inner Hebrides	26
Bonny Watter	27
Watter	28
Water *translation*	31
Gled Stanes	34
Hawk Stones *translation*	35
Devolution	36
Panther	37
Hameland	38
Homeland *translation*	40
Aw Jock Tamson's	42
Thon Kintra Nane Ken	43
Nae Theory	45
Chance	46
2am, a Thursday, Falkirk	47
Nicht Life	48
Mr Black	50
The Whupper-in	51

Lost Heroes	52
Man from Laramie	53
Thon's Film fur Ye	55
Old Yeller	56
Docked	59
The Little Guy	60
Hitchcock Haiku	62
It's a Gas	63
Daunder oan the Muin	65
That Day	66
Fower Meenit Warnin	67
A Boy's Gemme	68
Peacekeepin	69
Darfur, Sudan	71
Land Hungert	74
Stoor	77
Dream Catching	78
Shallow Waters	79
Material Epigrams	80
Every Man a Khan	81
Brekin Rainbows	82
Gimi Woman	83
Man-Eater	85
Narcissist	87
Happens	89
Maggie at Moniack	90
Guid Time	91
Chuckin-oot Time	92
In Spite ae the News	93
Artist	94
Sculpting	95
Brave New World	96
Come Oan	98

Wisdom of Touch	99
Knife	100
Greek	101
Hairst	102
Lowe	103
Sweetness	104
Reason	105
Ay a Bore Het Throu Ice	106
Ice	107
Yin	108
Loneliness	109
Bed	110
Identity Caird	111
For the Righteous	112
Madness	114
Blade	115
Mindin	117
Auld Sol	118
Efter Life	119
Coontin the Days	120
Cauld	121
Snaw	122
Howe o the Year	123
Dawn Chorus	124
Bairn-Storm	126
Sang fur the Wandert	127
Song for the Lost *translation*	129

Acknowledgements

My thanks to the Literature department of the Scottish Arts Council whose award of a writer's bursary put food on the table while I wrote this book; to Moira Mann, Janice Macfarlane, and Liz Niven for editorial advice; to Chris Robinson, Scottish Language Dictionaries, for support and encouragement; to Valerie Gillies, Aonghas Macneacail, and Abe de Vries for allowing the translation of their poems; and to my agent, Judy Moir, for her advocacy, editing skill and friendship.

Some of these poems have been published in *Chapman, Words without Borders, The Female Muse, Rule of Thumb postcards, Cleave, Migraasje/Migration o Wirds, Skein of Geese, 100 Favourite Scottish Poems, The Wallace Muse, 60/60, Handfast, Addressing the Bard, The Thing that Mattered Most, Variations on a New Song*, and online by the British Council, City of Literature, Learning Teaching Scotland, Scots Language Centre, SAC; and written as script and voiceover for the short film *No Hope for Men Below*.

Twa Leids

Greet: to welcome
Greet: tae mourn

Hunt: chase after,
usually intending to kill
Hunt: chase awa,
maistly tae avoid killin

How: the manner of doing
How: whey?

Scotland

she's a haurd mither, sair
scartit wi braes an glens
oot-stravaigin ony craw's feet.

hur face glowers wi heuchs,
hur vyce teems a burn in spate
ower broon-teeth jaggit scaurs.

she pits oan clinty craigs are breists,
belts hur waist wi forfochen industry,
in hur airms, she gethers firs.

aywis a thrawn, crabbit fechter, she's
boardered by fuller hips, flytin
fire-dairts wi thunnered micht.

nae season lichtens hur, she drags
hur bairns up oan kail an whin,
winters thaim athoot guidness.

she kennles the grate wi chitterin hail,
coups snaw tae shaw hoo saft she is.
spring claeths hur aulder in green.

if she coories ye in tae hur breist
it is tae skail a linn's white-watter
torrent o snash oantae yer heid.

liltin, she bokes up craikin maws.
sleepin, she bumphles a runkled pilla
ower the muin, batters oot twa three staurs.

she'll smoor yer dreams wi Scotch mist,
nit kaim yer hair wi chuggin wind,
slounge yer faces wi rain.

in yer mooth she staps a leid
naebody kens, in yer hert a stane.
but gang awa fae hur

a rantin sang an dance'll follie
tae reel ye in as son or dochter,
mak ye seik fur hame.

Scotland

she is a harsh mother,
arthritic with hills and crags
cut deeper than crow's feet.

her face is lined with ravines,
her voice the roar of spume
on broken brown-toothed rock.

she passes boulders off as breasts,
belts her waist with an industrious past,
in her arms, she gathers firs.

a grey and grizzled warrior, she is
bordered by ample hips, her tongue
a lash of thunderous voltage.

no season softens her, she drags
her children up on broth and broom,
winters them without kindness.

she fires the hearth with ice or hail,
expects snow to pass for gentleness.
spring girdles her old in green.

if she holds you to her rugged breast
it is to pour the white-water scorn
of mountains on your head.

when she croons, she throws up seagulls.
sleeping, she drags a lumpen pillow
over the moon, punches out a few stars.

she'll turn your dreams to Scotch mist,
bone comb your hair with tugging wind
scrub your faces with rain.

in your mouth she lodges a language
no-one speaks, in your heart a stone.
but if you go from her

a wild song and dance will follow
to bind you forever son or daughter,
make you sick for home.

Bairn-caa

Fit'll we cry ye, ye're sic a scrap,
dinna ken yit if ye're ane or aw.
Far'll ye gang, gin ye fin oot
sun, muin or staurs ay licht yer roof
an the warld's pap fair sookit strang
growes ye intae fa ever ye daur.

Ye'll nae waant a wird tae cry ye back
nor a yin that'll haud ye doon
fir a bairnie-wee fit kin birl the yirth
waants a haunle tae mak yer ain caa.

First Born

let me take you back
before words were born

to the first small miracle;
declaring yourself present
before the absence of blood.

So certain of that clear shout,
I crocheted you a jacket,
yellow, on the first day missed.
There was no doubt. Life knows itself.

Your birth, the entrance of awe,
as pounding breakers ceased
in a shuddering flood, released
that crushing grip of pain
beyond bearing. The first cry

is always grief, like no other cry,
it wrecks and storms the heart,
birthing a mother from a broken girl.

Later, I searched, seeking the fluid
womb child, now bound tight

in honeycomb white blanket,
annoyed the nurse by tracing
fingers, toes, learning by touch.

In the ward they called you golden,
jaundiced with sunlight hair, told me
breast milk wasn't wise; declared
war on my *au naturel* deaf ears.

You would not know your father,
struck by adoration, lost hours
gazing at your sleeping face,
glass cot wheeled close, witness to
the perfect power of love.

You won't recall that young night
I took you out into the dark,
threading through scyths of grass
grey in the sharp shadows, fence
posts ghosting fields, trees black

under howling moon, patterned stars.
I held you up, arms length high,
marked your circle of being,

showed you to the earth, to sky:
a new life, old offering enacted.

Here is my son, I said.

Scots Epigrams

Handy

Aye – says it aw.

Classic

How dae ah luv ye?
How no?

Wi Thur Twa Rings

Yeese are chippit new
intae the auld stane o time.

Here, awthing faws quate fur yeese,
here noo, sunlicht skirls,
rain diddles, the yirth birls.

Yeese are no alane
amang the hurlin constellations
but cleikit tae thon gird cried love.

Aulder than ony circle o staunin stanes,
shair as a snaw-ring roon the muin,
mairrige is.

Weer yer vows weel when kecklin
is the ale atween yeese

or when nicht draps like a bolster
doon the middle o yer bed.

Let the cauld shooder o the ben
aywis coorie ye kindly.
Let the sun aywis hunt ye
hooever daurk yon place.

We wha haud oor wheesht ken
thorns hae roses.

And when ye gang fae this day
the skinklin staurs gang wi ye.

When ye gang furrit fae this day,
the love that grew ye
growes wi ye

and mairrige is wrocht,
iron oan stane, haund in haund.

With These Rings

for Jonathan and Sarah

You are fresh words
on the old stone of time.

Here, silence honours you,
here now, the earth turns,
the sun beats, the rain sings.

You are not adrift
among the wheeling constellations
but held by the hoop of love.

Ancient as the ring of standing stones,
prophetic as a snow-ring round the moon,
marriage is.

Wear your vows well when laughter
is the wine between you

or when night lies like a bolster
down the middle of your bed.

May the cold shoulder of the hill
always afford you shelter.
May the sun always seek you
however dark the place.

We who are wordless know
thorns have roses.

And when you go from this day
the burnished stars go with you.

When you go forward from this day,
the love that grew you
grows with you

and marriage is struck,
iron on stone, hand in hand.

Waddin

for Laurence and Melanie

Thon soonds like a trumpet volley
bricht as sun blarin oot the blue.
Wheesht, yon micht be chucklin
frae amang the staurs, an warumth
oan the west wind's safter sough.

Listen, och, listen tae the leid
fae a hertbeat, telt tae the rhythm
fae strang certain braith, fetchin us,
like the warld tae this meenit,
tae be quate witness tae yer love.

An whit a happiness is here
risin fur yeese, roon thur stanes
whit sang it is that rings, whit dance
wull lead aff fae yer waddin
in the vow tae mak each ither hame.

We are wi yeese noo, as aywis,
kennin love is aw the guide ye need
fur mairrage isnae made in meenits
but strung in beads ae joy an sorrow
oan a lifeline. It is ay made in deed.

Fitpreents

fitpreents daunder
alang weet saun
the sea sooks awa

        a gress fitpreent
        hauds a buttercup;
        the yella sun rises

                yin fitpreent
                in the muck an glaur:
                wha's?

Hinniebee, Inner Hebrides

c.542 Brendan the Navigator founded a monastery on Eilach

Sheet fu, a hint-end blaw hurls us tae the Garvellachs,
skiffed by steppin-stane inches. Ginge-broon an strippit,
a hinniebee draps fae heidin oot ower the watter
tae licht oan oor haunbaur. Canny wi guid chances

tae draw braith, thon wandert getherer bides wi the yaucht.
Whin soun alloos, we pit in tae Eileach an Naoimh
whaur gress corries coorie oan crags. Twa three fitfaws
awa, in yin bracken heuch, a watter spoot slakes oor drouth

efter saut spume. Nearhaun staun bykes athoot bummles
whaes owerloupit slabs wheel intae breist-like humples.
It taks a hale craggy inch tae mak yin hinnie drap.
Saintit, Brendan cam wingin his wey oan yon currach,

sclumbin breckers, skitin spindrift tae fund hamely grund
whaur gowden hinnie-kaims growe, yaisin wax fae thon bee.

translation of Valerie Gillies' **Honeybee, Inner Hebrides**

Bonny Watter

Wed 23 July 1298

a wee dreiple ower stane
atween twa men but yin
wid be gut tormentit,
the ither, tormentit king.

did thur lugs haud bird-sang,
green ur grey yoke thur een,
wis it teemin wi a wattergaw
ahint haar, a brichter sun.

wid they ken the wey furrit,
yin speired gin he micht
aside guid skyre cauld watter,
did thon day birl fae nicht?

Watter

The Redding 25 Sept – 3 Dec 1923

Yon road teems a burn in spate
breenged doon bi weemin, weans,
the auld an donnert, fricht
foamin at thur heels, feet spittin
in its face, near dementit.

Hunners herd the pitheid
like drookit kine, staun quate
wi dreid sappin tae the dreep
dreep fae claes weet wi rain,
telt: watter fae auld workins,

watter high's a hoose, a waw
ae watter, the pit fu, pumps
yuissless. The in-souk fetcht up
three men deid, waashed awa
mair'n forty, missin, doon ablow.

They'd tim it oot wi buckets
wid thae wives, mithers wring it
oot wi rags fae aff thur backs,
swoom doon thae bleck tunnels…
ye'd think bi nineteen twinty three!

Nine days brek ower the Reddin
wi nae word yit. Divers, stentit,
hing aboot. Pumps sook awa.
Yin wife prays fur twa, her man
an boy, kens in her watter.

Hear thon? Whit's 'at? A skraich.
Heids heicht tae the lift, lugs strain.
Someb'dy's gotten! No yin, five
no droont nor gassed. Hauf sterved.
Drouthy. Livin, but. Alive.

A mither gruppin breistit bairn
near smoors its braith, the faither
safe, won hame wi fower mair.
Hope, *shairly*, upsteers the thrang.
Day lichts oan three bodies, deid.

Deidset, man lowsed noo fur guid,
thon wifie bides oan her boy,
sweers: *Daith'll no damn me twyst*
dinned ower a week afore it
haps her wi an empty hoose.

The wind blaws cauld, nicht faws,
weemin coorie roon a bleeze,
girn *couldae stapped thae workins,*
yaised the bing; pit in air tanks;
horns fur if the grund shifts. Aye,

gien lessons wur learnt, or gowd
fendit fur thaim wha howk it.
Thrapples clag, fricht hunkers doon
wi kinfowk tae a twa-month shift
afore thair men're brocht oot deid.

Forty miners droont or smoored,
corpses watter-shrunk; blackdamp
gassed ony wha thrawed the flood:
daiths ay tholed, nae chynge, nae shame.
Yin piece-box hauds the last words:

be guid tae yer mither. I'm fine,
the eighth day, if they get in. Dear
wife, ma love tae you an mine.
In the deid man's baccy tin,
fowerpence fur his caur fare hame.

Water

The road is a river awash
with running women, children,
the old and infirm, fright
foaming at their heels, feet spitting
in its face, a frantic flood.

Hundreds herd the pithead
like sodden beasts, halted
by dread seeping to the drip
drip from clothes rank with rain,
told: water from old workings,

water high as a house, a wall
of water, the pit full, pumps
useless. The in-rush threw up
three dead men, washed away
more than forty, lost, far below.

They'd empty it with buckets
would those wives, mothers wring it
out with rags from off their backs,
swim down those black tunnels…
you'd think by nineteen twenty three!

Nine days break over the Redding
with no word yet. Divers, stymied,
hang about. Pumps suck away.
One wife prays for two, husband
and son, knows in her water.

Hear that? What is it? A shout.
Heads rise to hear, ears strain.
They've got someone! Not one, five
not drowned or gassed. Half starved.
Thirsty. Living, though. Alive.

A mother grips her suckling child
till it wants breath, the father
safe, won back with four workmates.
Hope, *surely*, stirs up the crowd.
Day lights on three bodies, dead.

Deadset, husband's last shift done,
the widowed wife waits for her son,
swears: *Death won't damn me twice*
dared it all week before the grave
wrapped her with an empty house.

The wind blows cold, night falls,
women crowd around a blaze,
complain *could've filled the old pit,
used the bing; put in air tanks;
horns for if the ground shifts.* Yes,

could lessons be learned, black gold
look after those who hew it.
Throats constrict, fear settles in
with kith and kin for two months
till their men are brought up dead.

Forty miners drowned or gassed,
corpses water-shrunk; blackdamp
took those who thwarted the flood:
deaths condoned, no change, no shame.
One lunch-box holds the last words:

*be good to your mother. I'm fine,
the eighth day, if they get in. Dear
wife, my love to you and mine.*
In the dead man's baccy tin,
fourpence for his car fare home.

Gled Stanes

*on the riding to open Scotland's parliament
ceased 25 March 1707 resumed 1 July 1999*

thur is nae stane whaur the gled soars,
nae gled whaur the stanes staun

nor at thair cobbled feet, nae king
tae reign ees braid high street

whaur nowt but smirr croons a castlehill
nae burnin weemin wish they'd droont

an the shuttered shops kin sell nae claith
whiles nae tea or snuff is taen ben there

gin nae gill bell dirls oor meridian
near three hunner year ae time birls roon

oan a turnpike stair. Auld Reekie sings
an auld sang tae a newborn tune, an a staur

is kennled whaur stane mounts stoor
tae heicht us up whaur the gled kin soar.

Hawk Stones

there is no stone where the hawk soars,
no hawk where the stones stand

nor at their cobbled feet, no king
to reign his wide high street

where only rain crowns a castlehill
no burning women wish they'd drowned

and the shuttered shops can sell no cloth
while no tea or snuff is taken there

as no gill bell rings this meridian
nearly three hundred years are turned around

on a spiral stair. Edinburgh sings
an old song to a newborn tune, and a star

is lit where stone climbs from dust
to raise us up where the hawk can soar.

Devolution

See how they dance an auld jig,
fearful of wild moons and the howling
risk of rank jungle; they raise throats,
crow the garbled notes of praise.

Having released the beast upon us
they brought it down; warring tribes joined
to defeat a mystery once conjured with,
carved up the flesh to feast.

But magic is not made by drones
in secret rooms. Runes fall as cast
and the beast, once raised, its dark blood
older, wiser than, gives birth.

Rising, its whelp howls a new moon,
stalks the morning sun, gathers itself
and sooner than back-slapping chambers
silence, scratching sounds at the door.

Panther

I am the sleek shadow in long grass
the eye-slit of burning black
that sees you first.

A shimmer in shade, my red yawn
of heat on mid-day plain
remembers blood.

Talons are my talent you'll not hear
the click, oh, I'm perfect at pretence,
too late to shift.

I am the night sleep of slit dreams
in a clutter of life-song. My feet
soundless at dawn.

Fleeter than antelope, I race
the rattle of corpses. When I leap,
I bring death down.

Play the hide-me seek-you game,
it's fun. I like it when you run,
come on, how fast?

No blood pump, burst vein can lose
this hot lithe shadow. We'll meet,
make good the dance.

Hameland

*fur Dennis Canavan msp wha defendit
the inalienable richt o Scottish folk
tae mak free progess ower the land*

She birls tae her ain sang
ay haudit shair by birthin staur
whit bairned the burnin hert o her.

Turnin time pit oan her flesh,
glaciers chippit oot her glens,
saft rains timmed fu her lochs.

Whaur bens fauld ahint sherp nicht
an muin keeks oot fae watter,
yin giant alane stalks staury heichts

yit onybody kin walk the yirth
fur we are born tae her breist,
nae pooch nor pooer will chynge it.

Nae mannie reart thae mountains,
conceivit yit yin blade ae gress;
it isnae we are cried oan

when she waants a shift o claes.
Mind oan that afore yeese try
tae thirl her tae fawse law

wha filled oor bellies, slaked
oor thirst, wha gied us shelter,
set oor hauns an minds tae wark.

Wha weets oor bairnies' heids,
wha is it lifts oor een an herts,
redds the grund ablow oor feet?

Nae thievin wratch in foosty haw
connivin tae fence aff the warld;
hoo wee an feart they are wha think

a poke o siller wid even dunt
the yirth oan which we staun.
Like fitprint merk in saun or snaw

when oor short stook is cut,
we are taen back intae the dirt,
oor hauf-meenit done. Think oan

doon burn, strath, brae an sea
as watter tummles tae braid firth,
we are aw ettled tae stravaig

birlin tae oor ain bit sang
while land itsell maks birth, braith,
bluid, bane, daith, an ay bides oan.

Homeland

*for Dennis Canavan msp for his defence
of the inalienable right of Scotland's people
to free, unfettered access to her lands*

She dances to her own song
held close by the birthing star
that fired her burning heart.

Shifting time formed her flesh,
glaciers carved her valleys,
soft rain filled up her lakes.

Where hills fold behind sharp night
and moon stares up from water,
one giant alone stalks starry heights

yet anyone can walk the earth
for we are born to her breast,
no pocket or power will change that.

No human raised those mountains,
nor yet conceived one blade of grass
and we are never called on

when she wants a change of dress.
Remember that before you would
subject her to false law

who filled our stomachs, slaked
our thirst, who gave us shelter,
set our hands and minds to work.

Who wets our children's heads,
who is it lifts our eyes and heart,
spread the ground beneath our feet?

No thieving wretch in dusty hall
conspiring to fence in the world;
how small and scared they are to think

a bag of silver can impact on
the earth on which we stand.
Like footprint made in sand or snow

when our short stalk is cut,
we are drawn back into the dirt,
our half-minute done. Think on

down stream, plain, slope and sea
as water rushes to estuary,
we are all meant to roam

dancing to our own brief song
while land, alone, holds birth, breath,
blood, bone, death, and will live on.

Aw Jock Tamson's

on the 2007–08 crisis and recession

Moonrise, an maudlin in the mirk,
we coorie in, hoose selt, hame hawked,
oor labour thirled tae yisterday,
the morra pawned fur brick-a-brack.

Thieves tout the mercat, flashin cash
in credit caird tricks yince cried tick.
Gowks gawp. It's easy money. Hauns
dip threidbare pooches skint by lees;

yin cat feeds fat, an hunners sterve.
Dunderheids, we bocht intae grief,
gied up sense fur greed, furgoat brass
barters work, its worth inventit.

A dreich rain faws oan rentit roofs.
We pey tae drain the run-aff, pey
again tae pipe it back. Nae debt
is gain. If lochs fill, mountains droon.

Yit bairns sleep an dream, fit tae bigg
a warld whaur love gies shelter, breid
daily, care redds up, prood tae bide
an fecht whaur fowk cry foul at cheats.

Nae man worth mair. It's wha we are.
Tak tent. Waukened, sleeves rowed up,
drookit, set tae work, a new stert.
Day breks, mornin sun ay rises.

Thon Kintra Nane Ken

aboot thon kintra nane hae kent
growes a plantin o toons wi thur
gless biggit lands whaur siller gets
wrocht intae brass fur stervin pooches
an tenements staun, sauchen, whit keek
oot ower – atween haizert bens, redd
up hamely tae hicht-steppin hairt an
stoorie-fit, by burns teem wi saumen
(fur awbody's yuiss) – hooseprood pairks
droont ablow hinnie, gemm an corn

yon yird bides noo whaur sodgers set
tae plew, whaur shiftin watters mak
a brig wid kerrie toom stravaigers,
whaur yer neeburs leid is aywis larnt
nae bother, whaur makars gie oot
aw the word, a spate o leal licht cried
truith, whiles thon bawbee coonters
cowp thur puggies tim aw ower braid
laws tae fother fat, weel-gethert grund
– *aye right, aye right, an so they wull*

yit nae bard kin forsay whit's rowth –
oor warld greets, whin aw the craik
clags up yer craw wi soor dauds, an
gomeril howp-stappit lugs tak tent,
ablow it aw, a chynge, a wey oot fae
screivit scaddin wae tae straths whaur
warum braith blaws oan flooerin peace,
whaur yin sowl thraws, jinkin amang
the breer, whit's tae be mair feart fae
atween thae hatchlin thochts an flicht

translation of Aonghas Macneacail's **dùthaich nach robh riamh**

Nae Theory

Trickle Doon

example trickles doon
the self same wey
wealth doesnae

Yin Ee Keekin

Steel an iron rowed oot lang ago.
Noo, in the hert o Fawkirk
there's an aw-nicht Tesco

Napoleon wis jist aboot richt,
a nation ae shoap-goers spend
n'save oan sleep. Abandon hope

aw yeese wha enter pin numbers
efter daurk, the banks're keekin:
insomniacs coontin sheep.

Chance

pretty women
walk the street
alarming police cars

                the table-top wrestler
                grunts
                chances his arm

                                the sound
                                of one foot stepping
                                then a tap

2am, a Thursday, Falkirk

On Burnfoot lane's gable end
a paint-bomb purged billboard warns
gays are now the enemy,
there's a war on. Oh, and how
high on the Howgate, opposite,
soft neon blocks in blue and red,
highlight fruit, a woman's lips.

On the snakeskin road, rain spits.
Demoralised, the town is
gone to bed, dreaming work, sex,
lottery-funded fortunes made;
industry, long wrapped up, resold
as a charitable deed. Dead,
the night is. On the roundabout,

a solitary car. 2am, a Thursday,
Falkirk. Tyres hiss, brief headlights
flash on a girl descending steps
that lead her underground, island
shrubs, iron-gated closed car park.
No coat, arms clench the last heat
to her ribs, shoulders drawn. Shoes,

skirt, shining hair, all smart, she's
too alone, a human thumbprint
smudged along commercial concrete.
Ahead of carefree clacking heels,
an opportunist future wakes.
It could take her a lifetime
to travel through that underpass.

Nicht Life

8pm, they're double-triple parked,
fillin aw the bays, souped-up
fur a getawa stert. Fawkirk
s'a boy/girl racer's paradise.

Doucely promenadin routes,
they convoy east tae centre, back
(the polis inhabit west),
stereos keboom-keboomin.

Braves shieldit ahint steerin wheels
tak a lot ae talk tae shift
frae posturin tae high oan speed.
Rev, rev tae pump adrenaline up

aboot the time the picture hoose
skails oot its patrons. An they're awa
tae loop the loop, roarin through
green Bellvue lichts, Kerse Lane

intae Princes Street, beatin reds
(x 2) tae capture Grahamston
roon-roon-roon-roon roondaboot,
bairns wantin shoved again.

A lang line loopin Park Street,
Kerse, back tae Bellvue – roond
an roond an roond at Tesco's.
It's a wean's gemme fast-track

whaur audience (max) wait tae crack
a drive hame last-lap gap. But,
racin mates, an traffic lichts, whiles
wheelyin the tyre-warpin sherp

richt bend intae the hame streetch,
yin hot-rod turns turtle, metal grates
oot tarmac sparks an a mither's son hings
upside doon, stopped, an lookin daft.

Mr Black

Obscured in clouds of chalk dust,
he spoke to the tune of ink-well lids,
high above our bowed heads. He
walked a corridor of desks, right
hand juggling numbers, digits to
add, subtract, multiply or divide
at his command, left playing with
an alphabet, forming words to parse,
to shape in clauses, gave us thought.

Mysterious as time, he knew how
earth was made, what oceans held.
He cast spells by degrees, understood
the globe was fruit segmented, drew
lines of latitude. A patient man, head
-master in a village school, finding
the best in country bairns. At eleven,
I envied his daughter the fatherliness,
lived for his praise, will never forget

my shame at the single light stroke
of the tawse touched in my palm, his
'I'm surprised at you' eyes amused.

The Whupper-in

chapped oan the back door,
meenistur an strangers yaised the front.

So ye cannae run awa, granda said.

Mum blushed, flustert, pit oan a vyce
sae haurly yaised she wis mair strange
than yon mannie fillin kitchen frame:
Come in, she's no weel, aw yin braith.

He did, a body roond fae shiny shune
tae the tap o his shiny heid, bald
as a plookit burd, chouks weel-stuffed,
wee smile tae ma mither, says he kent
ah wid be, no like she'd keep me aff, else.

Settled intae a sate, a drappie tea, biscuits;
jist daen his joab, like.

I done ma best tae luik no weel,
it wis nae act though noo it felt yin. Jile,
no skuil, shairly waitit fur onybody
whit tried tae pul the wul ower his een.

Mr Black, anither yin, luiked saft, freenly
but ye'd be an eejit if taen in.

Lost Heroes

Maybe we were right to cherish you,
the axeman rushing in, fearing no wolf.

In those giant days, you were the forearm
solid as a tree-limb hoisting us up.
The great boom of your voice cleared
our path, made landfall safe. Your great fist
a champion we'd field to any threat,
heartbeat the hammock of our rest.
Sheltered by your shadow, we'd cry
a storm knowing you'd settle it. Had you
wept the world would have fragmented.

Rising on the wings you lent us
we did not look back, see your feet
shackled to solid earth, deep rooted
in circumstance. If we dance now
it's on your many deaths: sickness first
to find you out, famine to leave you unfed.
War always took you. And when at last
the lifeboats came, above pity the sound,
your voice saying go. Go on, go ahead.

Man from Laramie

Captain Will Lockhart (James Stewart) 1955

tormentors gripped his wrist
extended his gloved hand
pressed a six-gun to it, shot
a clean hole through the palm

the image clear and stark
though half a century passed
and no Tarantino ear
or Coppola horse head

has matched the impact of
that single brutal act.
as a child, stunned, I saw
the hope for heroes die

in that maimed gun-hand
for nothing could restore
the emasculated man.
we would have slunk home then

but the ruined cowboy strapped
a left-side holster down,
dumb fingers fumbled blind,
his drawn gun bit the dust.

hope that rose each morning
faded by sundown, though
smooth and quick were mastered
shot on singing shot missed.

stooping, gun re-holstered
he drew, fired, failed again
to transfer the skill, teach
his other hand. it seemed

he could not comprehend
the thing could not be done
and it could not until
six bullets broke the bull

fast and deadly accurate
restored, the man determined
by the effort made:
it was a lesson learned.

Thon's Film fur Ye

on Braveheart 1995

Scots gied ower thair richt
tae yon majesty neist door,
couldnae mak up thair minds,
there'd bin slicht pickin afore
sae naebody wis dumfounert
when Ed haun-picked a hoor.

A croon's an awfy scunner,
it maks ye gie a damn.
At least, it did wi Balliol
wha stertit thinkin, king ah am.
Eddie, mair'n a tate peed aff,
ordert the Tower fur yon bam.

Naebody reckoned Wallace
ti he cried *noo hing oan, Ed,
it's up tae us wha's king*
richt contrair tae whit'd been sayd.
Wi puir reason an worse rhyme
he turnt the hale thing oan its heid.

A peety tae be laudit
fur whit ye didnae dae,
tae cry it wis fur freedom,
whit Bruce won, an no fur lealty
tae thon toom jaiket mannie
Jock turnt oot no tae be.

Old Yeller

1957 film of the book by Fred Gipson

he was a stray dog
yellow mongrel labrador
took the place of an absent dad
to guard the prairie family,
proved his mettle chasing a bear
loyal to the boy master
who might have shot him for a thief,
fought to save them from a rabid wolf
couldn't fight the fatal disease
a fear of water, frothing mouth
or the release from madness
brought by a bullet
from a boy in tears, as I was.
it's just a film, my mother said

she was a loved pet
golden cocker spaniel
bred to work with guns
turned circles of excitement
when my uncle got them out
sent in to flush the scrub
brought game home soft-mouthed
took trips on the bus alone
when nothing else was going on
nothing cured the canker
deep in her long silk ears,
the stink and torment as she aged,
opaque white cataracts
blinding dark luminous eyes.
time for the vet, my mother said.

my uncle took the shotgun instead
goldie jumped, yelped, circled happy,
they walked away to the fields,
she would sit at his feet when he stopped
waiting eager to go or fetch, trusting
when he put the gun to her head
the scenes intercut inside mine
I cried, I don't know if he did.
no stranger kills my dog, he'd said.

he was my uncle
a miner to spite his dad
took my father's place to feed us
fly-fished the burns in spate
guddled salmon and trout from their beds
a knock on the head to stop the gasping
kinder than let them drown in air
like folk under water, taught me
to shoot, break the barrel, check
the breach, dismantle, clean,
don't aim at what you want to live,
let your shoulder give or the kick
will break it. he never let
a wounded beast or bird escape
tracked them down cursing himself,
no animal should have a slow death.
you want a clean kill, he said.

it's more than he got
when emphysema came
dying lungs burned for air
left him gasping like the fish
no compassionate crack on the head
no loyal loving bullet in the brain.
no-one with courage enough.

Docked

docked rump
of a mad dog
chasing its tail

        clogs clatter the shade
        a moth dances.
        flame fizzles out

                an empty trap
                vanishing cheese trick
                taking the mickey, mouse

The Little Guy

Fay Wray's name for King Kong 1933

So she's a slip of a thing in chiffon;
Barbie-like with her pointy breasts,
hand-span waist tipping the hour
-glass to her fat-free shapely bum,
dripping long, lean legs with
perfectly proportioned thighs
over rough stone balustrade in
over-blown erotic symbolism.

He sighs; it's a signature line –
his *get me I'm so human this is
love not lust don't you just adore
me for my milky, sappy, pappy
adoration* catch-phrase signalling
he's captivated by her curves
(though not intellect or person
-ality, catch that), she's more blonde
than Monroe; a breathless, word
-less, dinky squeaking toy he's
just the boy for. Oh, but

he's towering over Manhattan, less
than tiny that, and black as the earl
of hell bestially inconsiderate
carelessly crushing towerblocks
and every normal bloke; now where
did she dream him up in his rough
wire-brush body-covering oh so
pubic-like get-the-metaphor hair;
bulk blotting out moon and stars
in the rush to satiate his desire to
penetrate her... heart?

Dream on, Fay (the shrinks can have
their field day, well, it always was
everywoman's Freudian slip, no
wonder grown men weep when he's
brought down in that shuddering,
wrinkled heap – still sighing), that's
some fantasy; King Kong, the dick.

Hitchcock Haiku

what celluloid power
took all the fun, sex, relaxation
out of having a shower

                just when you stirred
                into thinking it safe to go out
                here come the birds

                                  not much of a plan
                                  half the film missed playing
                                  spot the dumpy little man

It's a Gas

Ramsay – Sir William,
one cool Weegie laureate,
chemistry 1904, caught air, sniffed
out odourless, colourless, tasteless

Argon – a wee belter,
bulb filling stuff to stop
burn out, throw a flame
to arc weld when you burn it up;

Hellium – it's a gas
anaesthetic with ha-ha high lift,
don't give the kid too many balloons,
try a deep-sea dive;

Neon – whoah, bright,
wanna know what's on?
Read the light, running, on theatre,
club, pub, teasing the strip;

Xenon – what a blast
cutting through sky, tumour, eye,
a martian laser, blue-white headlight
some folk just can't live without;

Krypton – super-hero
high speed flasher but, oh
what a chemically sensitive guy,
fluorescent, expensive, big on Mars.

Nobel – Alfred Bernhard
rich Swedish bloke, explosive
brother paid the price of dynamite,
left the world to note the worth of genius.

Scotland – wondering
why we never heard or knew it,
lacking confidence, full of inert gas
blowing off ourselves as losers, not proud

to celebrate Ramsay, or the rest:
Charles T.R. Wilson – physics
Lord Todd – chemistry
Sir James W Black – medicine
Sir Alexander Fleming – ditto; known, but!
James A. Mirrilees – economics
Lord John Boyd Orr – peace
Arthur Henderson – peace

apologies for gaps, invisible
women – write in, complain

Daunder oan the Muin

0315 GMT 21 July 1969

Burnt reek like sparkit matches.
Fitpreents fur aw time, markit oot.
Nae shiftin saun, nor braith ae wind

tae steer up stoor. Jist wursells,
bug heidit, loupin tapsalteerie
tae mak heiven fae the hell o it

– gunpooder nips in wur nebs.
Thur's nae morra tae face roon tae,
lichtit ay by day. Ben oor backs,

nicht coories roon the daurk hauf.
Cauld banes chitter. Afore us, bricht,
cloudit, earthrise staps oor thrapples

– couldnae cry thon sky. Hert-drouthin,
oor yirth hings abune us – wha guessed
sae big, sae weel kent. Ayont reach,

hame birls owerheid, wraithed white
oan blue, hauf-hale. Awthing's wrang,
man oan the muin, an frichtit. Feart.

That Day

6 Aug 1945

it flowers like a bruise
on the human face:
eye stems empty of sight,
each one a parched vase
gaping with the echo
of wind-stolen screams
from o-open mouths
stuffed with the cloud fist
of the first tearless rain
falling out of the light
at the end of our race:
the bruise like a flower
dropped on a mass grave.

Fower Meenit Warnin

1962 during Cold War Cuban crisis

The wvs wifie telt us tae pick
a room wi nae outside waws.
Weel, that wis nae yuise
cause there's nane in oor hoose,
we'd naewhaur tae hide at aw.

An ah'll tell ye this, the polis
git miffed if ye practise no lookin
at ony bright licht, hauns clamped
ower yer een an then ower yer lugs
as ye fling yersell doon oan the grund.

Try huntin oot a big daud ae wuid
tae mak a lid fur a bath ful ae watter.
Yer mither'll say the same as oors did.
'Thon door is bidin jist whaur it is.'
Mithers dinnae ken whit is important.

A fortnicht's beans? We hudnae a hope.
'They dinnae growe oan trees, ye ken.'
Weel, wha thocht they did an wha thocht
they wid ever drap thon bomb
ti somebody sayd they awready hud.

Kin onybody be that stupit?

A Boy's Gemme

Haiti, June 2004–2006

Relievin US peacekeepers
in Latin America's puirest state,
Brazil deploys a thoosan fitbaws.

Trauchled mithers smile at stoor
kicked up, young vyces raised:
the goal straightfurrit yit no easy won.

Doon Port-au-Prince Cite Du Soleil slum
young men wi guns, gey aften fou,
haud thair weapons athoot care,

plank thaim, staunin, agin white waw,
keen tae tak possession, dribble
a lost baw. The gemme moves oan.

The Brazilian national team
offer Haiti a freendly match,
tickets gien in a swop fur guns.

Five thoosan shirts an Ronaldo,
ready tae go. Marie Antoinette's cake,
mibbe, but here it's aw a boy's gemme.

History replays action-replay
an the puir hae maist need ae dreams:
twa toom semmits, een oan the baw,

the goal scored in the space atween.

Peacekeepin

for Faela (13), IDP *camp, Bunia,* DR *Congo.*

The fechtin got bad roon oor bit.
Every nicht the militia cam tae oor hoose.
They made me an ma sisters
dae it wi thaim. We hud nae say.

Gin we said naw, they hurt us.

They pit thur guns agin ma breist,
ither times atween ma legs.
Ah was deid feart.

Ah hud Joseph in the plantin.
Ma faither cannae help me ony mair.
He's wastit seein ah hud this bairn
an me no mairrit.

Ye cannae git nuthin tae eat
gien ye dinnae hae a man
or kinfowk tae fecht fur ye.

The UN sodgers help lassies like me.
They gie us grub an stuff
gin we gang wi thaim.

It's a daudle gettin tae the sodgers.
We sclumb the fence yince it's daurk,
yinst a nicht mibbe, mibbes mair.

Seein ah go tae the sodgers
an sleep wi thaim
they aften gie me grub,
a banana or bit breid.

Ah huv tae dae it wi thaim.
Naebody else cares,
naebody else'll luik efter Joseph
cept fur me. He's aw ah've got.
Ah hae tae luik efter him.

[*From* BBC *news report by Kate Holt 3 June 2004*
UN *Monuc forces are Uruguayan and Moroccan*]

Darfur, Sudan

for Abdul Rahim (9 months) of Shattay

It cams wi the nicht.

The Janjaweed come by,
deil men oan cuddies, wi guns.
Alicht, hooses burn doon,

neeburs skraich an run,
weans skelp aboot, frichtit,
jinkin roon deid bodies.

The day efter, bairns lugged alang,
yin wummin stertit a three-day hike
in scaddin Saharan heat.

The seiven-year-auld couldnae cope,
deeid oan the road. Noo
Abdul, her wee yin, sterves

in thon camp at Kalma. Humanity
strippit tae its barest banes.
Fowk stutter whit they mind,

sae destitute they jist hae nowt.
No a blanket, nae shelter, nae watter,
nae grub. Fricht timmed oan fricht.

The clinic tent reeked.
Hoo dae ye like it here, somebody speirt.
Better than deein, she sayd.

That cams wi the nicht. Wi licht,
the yin bowl ae foosty meal
creepit wi beasties.

A stervin wean waashes
in watter broon wi his ain bluid.
Slaigered wi shite,

stick-thin bairns
puke up vittals,
ower wabbit tae eat.

It wid gar ye greet
but ye cannae,
it's no your dreid.

They dae the greetin.

The nicht's tottie drap in heat
kills trauchled weans,
bodies ower bauchled tae staun

ony wee chynge. Afore daylicht,
in the daurk, set aff
by yin awfy skirl,

donkeys craik an wheenge,
stervin dugs girn n'yowl,
thon skraichin sterts.

There is nae drouth,
this is a war
brocht aboot bi men.

Strang, weel-airmed, grewn-ups
fecht durty an bairns
sterve tae daith.

[*Veins staun oot, staurk
oan a boy's bare heid,
skin ticht ower clappit jaws,*

he claughts yin last braith.]

It cams wi the nicht.
The skraichin sterts.

[*Translated found poem from a* BBC *news report by Hilary Andersson 26 June 2004*]

Land Hungert

Fermer

They telt ma workers
if ah dinnae move oot
they'd kill yin ae us
or burn doon thair hames.

Ah catch masell thinkin
best we git the hell oot
but ah'm frae Scottish fowk,
hae Scots bluid in ma veins
– ah dinnae gie in.

Fermhaund

Warkin the ferm gies us siller
tae feed oor bairns.
There's nae ither jobs noo.

There shouldae bin mair thocht
pit intae gein oot the grund.
The wey it was done was aw wrang.

Ma life gits spent thinkin
things'll turn oot richt in the end
but ah'll jist dee skint as aywis.

Daeguider

It shows them aw up.
Lets the rest ae the warld ken
they arenae daen
whit they're meant tae be daen
– carin fur thair fowk.

Bairns are deein,
weans faw doon, ower wabbit,
no fit tae walk tae git fed.

This country brocht tae its knees
is deein an aw.

Aw we kin dae is plank
yin fingur in the dam
tryin tae stop it burstin
– but it wull.

Airchbishop

They hae thocht oot a plot
tae sterve fowk tae daith
fur political ends.

It's wickit joukerie-pawkery,
thon goverment tellin lees,
sayin there's a wheen ae vittals.

Awready, bairns are deein.
Gin naebody clypes oan thum,
fowk wull dee in thair thoosans.

Opposition politician

Fowk wur aw telt
they better vote fur the goverment,
or nae food aid wid come thair wey.

Thon made shair
five thoosan wur pit aff
wha widdae voted fur us,

wummin wi wee weans,
ither puir sowls.

Media

state TV
beams joco Zimbabweans
reapin record hairsts

whiles the goverment craws
aboot tons mair maize
than fowk kin yaise.

[*From Alastair Leithead's* BBC *report 30 June 2004*]

Stoor

TV streetscene 11 Sept 2001

Ye wur sair trauchled
dawdlin tae a freend's
wi yer stick, or mibbe tae shoap,
thon wey the auld dae,
kennin there's nae rush.

Yon man skelpin by
wha duntit ye
sayd sorry, nae mair.

Ah read his lips.

Bamboozled, ye didnae hear,
didnae luik roon.
Whit wis ahint ye
is ahint us aw
scuddin tae catch up.

It smoored ma breath, thon clood
whit wid stoap yours.

Git inside – aw the wirds
ah cry oot tae ye
wastit oan yon gless screen.

Dream Catching

for Frances and Roy

hard to find the human heart
disguised among its aching parts

in broken rooms, what shadows cast
in desperate lives, what track

no song is sung inside a fist
stone does not dance, or give

but here is a crumb
and here a touch, a gentleness

we are among the whispered strands
of random kindness

though cracked earth drinks our blood
and the thirsty starve for tears

and the grieving bear what they can't
we have the wings of angels on our backs

hope spooned like honey in our mouths
tongues that taste morning wine

the hand is open
the stone a full heart
the crumb a loaf

Shallow Waters

Give me shallow waters,
warmth teasing me in.
I've had enough of depths,
the sudden weight sucking;
the wild crash, crazed heads
battering rocks until they break;
the constant wearing down.

I want the calm, the perfect
clarity of glass, ordinary pebbles
polished to richly coloured jewels;
small creatures living minute lives,
pools of tiny triumphs, passing
moments; the bottom easy to reach;
no plunging, diving, falling in

to deep secrets, not one
worth the knowing of, let them
keep; floundering, gasping, drowning
never brought anything but desperate
flailing for the shore and relief
on reaching shallow water,
a ground that does not give.

Material Epigrams

Moth

Do not incur
the wrath of a moth
especially if
you're a man of the cloth.

Tip

Ladies, a tip
if you want an affair
choose a less well-known man,
better it said
he was beneath you
than be publicly sold out
as a bit of fluff.

Every Man a Khan

Mongolia post-1997

The Mongolian phone directory
was bound to benefit when surnames, banned
in the 1920 communist levelling inventory,
were re-invented: it would mean the end
of five thousand Gurragchaas spelt the same
or finding one among nine hundred Baasts.
Choose, government said, a family name
to solve the problem, create your own past,
have fun. Had they forgotten Genghis Khan?
The people hadn't and could almost swear
their line was the Borjigin Blue Wolf clan,
and millions did. The who's who nightmare
swallowed them all as phone books turned wolf-blue.
Now, you just couldn't call that, could you?

Brekin Rainbows

He wis just a wee lad
dibblin in a puddle,
glaur fae heid tae fit,
enjoyin haen a guddle.
He micht hae bin a poacher
puin salmon fae the beck.
He coulda bin a paratrooper,
swamp up tae his neck.
Mibbe he wis brekin rainbows
reflectit in the watter,
his ill-shod feet wid split the prism
an mak the colours scatter.
Onywey he wis faur awa,
deep wandert in his dreams;
it richt sobert me tae mind
a dub's no whit it seems.
An while ah watched an grieved
the loss that maks a man a mug,
alang the road fair breenged his Maw
an skelpt him roon the lug.

Gimi Woman

Papua, New Guinea

for pity's sake
we could not leave our men to rot

should earth, mould, maggots have
a father's hand that held the child's,
the lover's back once arched above,
or those we broke and split to birth

after death, earth-oven pit
lined in green banana leaf
for him, ancestral forests
thrum, our funeral fire lit

it is my grief, my son,
the one I carried first,
carried now in smoke

who knows where the living go
when we sit, this is not for man
to do or witness. Papua women
spit out weakness, chew on loss

my sisters eat to avenge the myth
men are the reason women bleed.
my daughters feed on our sorrow,
the meat devoured, spirit released

in the name of pity, we will not
let our men rot like women

when I rise from this feast
my son travels within me,
flesh of my flesh again

Man-Eater

Rotenburg 2001, Bernd Brandes willingly killed by Armin Meiwes

Eat, he said.
His last words, almost.
So I did.

A promise
should be kept,
unlike good food

which will go
to waste without the aid
of a decent freezer.

I did my best.
It was fine meat,
crisp and a touch dry

when roasted,
not too much fat.
Made a fine stew,

slow cooked,
with onion and carrot.
I was prepared;

the video,
a signed release;
when they came.

I wanted to,
he wanted it done,
where is the harm?

The sweetmeats
we fried and shared
did not go down well

in public.
Funny thing is
I didn't like the man,

not alive, at any rate,
no conversation to speak of,
didn't make me laugh.

Narcissist

He's no whit ye think, this wee boy lost,
no lovin hissell but his ain reflection. Aye,
he stares, unblinkin, intae yer een –
ye cannae miss sic fascination, seein
hissell in you, thon wee image catcht
in the mirror o yer ee.

He's in luv, puir laddie. Puirer you,
he cannae tell if he's hungert or drouthy
but you'll be the yin tae sterve – nae joke
hoo lang he'll mak ye wait oan grub
then wyre in like a horse, stervin seein he is,
mooth slurpin like a bairn at the breist
 – kisses thon wey an aw, takin no gein
like it's you bein etten.

Peyin fur owt prompts a sherp exit
tae the gents. Poorin rain passes
wi nae comment, he's blund tae weather
– scaddin sun willnae shift his coat
nor cauld cover his back. He's no
that in touch wi reality. Kin pass
a collapsed body oan the road, no see,
no meet anither's need.

Luik, he's grinnin. Luik awa, he's no.
It's trickery. You're a camera, snappin awa.
He's illusion wi nowt tae share
but yon bottomless pit. Dinnae go there,
subservient is whit he'll mak ye, smilin
while he shifts ye aboot. Dinnae turn
yer back unless ye like the sherp stab
fae aw his wee knives.

Lost boy, ma erse. Lost you. Look oot
fur clues: ay bored, needfu, nae blinkin.
Leave him, but like ye wid fae royalty.
Keep yer ee oan this yin.

Happens

fat cannibal
fed up
with relatives

            shit
            happens,
            it's crap

                        for Kevin

                        japanese sail
                        wind surfs the hill.
                        in the prow, a Gael

Maggie at Moniack

See Moniack,
s'oan a mountain
moanin wi skelpin wind
s'goat staurs whit scud ower the nicht,
trees hingin oantae grund wi bare taes.
Och, loadsa hings.

See Moniack,
s'fulla books an sparkin flame
fae fires spittin weet wuid.
Grubs a dawdle, cupboards fu,
broon breid, aipples, cheese,
yon kinna stuff.

See Moniack,
s'caulder'n hame, steered wi folk,
shiftin pens, waggin tongues, clackin feet,
cannae shift fur daen.
Aw thae pages turn, fair
trauchled wi words.

See Moniack,
new pals, playin cairds. Fawin
in a sheugh, hauns slaigert wi coo's shite,
a ghaist-walkin moon wis oot.
Write suhim, wha me?
Thon's a joke.

See, noo, Setterday
gaun hame, seek scunnert.

Guid Time

Ken whit it is, it's the booze, the blaw,
naw, it's the crack wi mates in the pub
an bein clued up oan the fitbaw scores,
or kiddin oan ye could pul a wummin
if ye wantit yin, it's windin doon

in the take-away fur curry an chips,
haen a slash oan the pavement,
tuckin awa a bit ae hash fur efter,
takin nae snash, nae bother wi bouncers
n'bevvy n'polis gettin heavy, watchin

young luv airm-in-airmin it hame,
that'll dae me, walkin uphill gaun doon
an no gein a fuck, ye're luck gettin a taxi
n'en fundin the keyhole furst time. It's
Setterday nicht an a lie-in the morra, so it is.

Chuckin-oot Time

Sleekit shaddas, thae men
stalkin nicht-daurk kerb-stanes
like ghaists ayont ma windae.

Moths flichtin tae licht, they gang
frae haverin in soored baurs
tae unwarumed wives or wastit beds

an a warld ah dinnae ken stoats
oan by ablow dour streetlichts.
A wraith, whas vyce is braith,

veesits, thawin ill-thriven haar
oan yon ice-frostit pane. The muin
keeks atween scraggy sprots,

backlichtin bleck houghs it shifts
ahint, atween me an brichtness;
a gyte muin fur the glaiket. Smerter

than yince ah wis, daftness redds up,
gangs. Nuthin steers baur nicht, muin,
trees, wirds that micht haud meanin.

In Spite ae the News

A raindrap oan the acer is bluid-rid.

Face turnt skywirds, fine
spit preeks cauld preens
intae ma skin.
                      The gerden
quate in the daurk, baur a wee linn
sploungin tae the neeburs dub,
trees dreepin owerheid.

Fowk in ither hooses sleep, or slump
oan the fag-end Sunday settee
cooried in wi cocoa mugs,
draggin oot the weekend dregs
mindfu o Monday mornins
an the warld, in spite ae the news,
is a guid place tae be.
                      The sky,
efter days ae baw-bricht muin
is saft bleck, soothin the sair
grund wi rain, settlin us doon, nae
hint ae licht but deep, daurk nicht
gentlin aw sherp edges awa.

Artist

for Simon

    the line is
        a lengthening of shadows
           when a sun falls away

              lit by the flame in you
              the line is
                mountains to swim through
                oceans beating on a skin

                    a forest fall drumming into
                    earth seeding her own echo
                    the line is
                    drawn between us
                      while a sky breaks
                        an eggshell dawn into morning
                    dreams wakening to touch
                  all we can make of
                  the line is
                  all we can become is
                  all we can be is

              all we are
            in a sky ripe for harvest
          earth burning in song
         of seas to be danced on
            the line is
       love, is
     life, is you
   drawing me in

Sculpting

The knife knows what it deals with:
earth, wood or stone. It allows
what it feels to guide the stroke,

always freeing. Blood would run
on this blade were it flesh carved
but this is wood, a knotted root.

The form shakes loose of constraint:
spilled soil, flaked bark, rotted stick
and in the centre what holds good;

man and woman entwined, shaped
underground, by dark, by growth.
I do not pretend to know

what forces make the forests,
nor why stones wait for finding.
Hands see what heart will not admit:

his back is strong, her limbs lithe,
inextricably they writhe
the brutal agonies of love.

Brave New World

for Tom

A fur trapper stalks in his throat,
earthy syllables easy as
the shifting season, patient
as winter for the green spring.

He walks a continent, knows
the perfect arc of fish, life
pooled in brown waters.

A hunter, he moves faster
when still, seeking out
the restless, the sudden shift.

Deeper than wheat in soil,
his eyes speak of mountains
shouldering the sky, tell
when the she-bear comes

acres open wider than a wound,
plains become infertile desert,
endless nowhere to run.

In one hot breath, she comes,
harder than stone, sharper than song,
a forest flood-tide brushing out
air and day, cutting light.

Her drum thunders a blood-beat pulse.
The dart of eye searches shift,
a move that will have him fixed.

Set now for sudden dance,
the man, he dares to stand.
Hunter to hunted, becoming prey
only if courage runs away.

Come Oan

Ootside, rain
pelts doon the road,
batters the last flooers
last flooerin.

Birds hae mair sense
than be oot.

Onywey it's daurk.

The muin knocked aff twa oor ago.
Winter waashes doon
the hint-end leaf ae simmer.

The yirth's bluid, rain.

Ye've hud ma anger.
Whit noo, love?

Come oan,
let's dae it.

Wisdom of Touch

Well, poet, can we make a poetry that serves
to pluck out lines which sing on quiet nerves
and play the sensual cadences of skin?

Casual, in the background, there will always be
patient mountains and a wrath of sea
churning water wild enough to drown us in.

Be still, let tending make a poem of this bed,
not foundering rock, but fertile. Islanded
where wordless song can sing, the wise begin.

Knife

Give me a knife like the wind,
a wind howling high loneliness,
the wind that whistles close and fast,
an ice-blast to scythe cheek to bone.

Give me a knife sharp as song,
pure as the clear note of cut glass,
clean as words that slice the heart,
a knife that drives as deep as that.

Give me the casual knife, a shaft
black-handle snug in the palm,
a knife that peels off thinnest skin,
the knife that pares down everything.

Give me the surgeon's blade,
that sliver of a branding fire,
a slight-slip razor thin and sharp,
the deadly living mirror that is art.

Greek

Well, it was never exact
even though pythagorus lurked
and that was the trouble.
Edges blur with the drawl of bees
when there is too much milk and honey,
so many peak-mirrored ravines.

It might have been the sand and orange
byzantine churches breasting every street
or the cut of grey impossible walls
venetian-castled on every ridge
but the truth is, even overdressed by rome,
dig deep enough in brick-red earth
and the ancients rise again and again.

It doesn't matter if olive groves
or decorated butterflies or blood-red poppies
or tideless see-through sea, if goat or sheep
or cow bells clank, if trees are lemon, almond, fig
or wet-land impressionist umbrella firs
and who cares how they raised the stone
so long as they did. What matters is

an openness, the easy shallow deepest thrust,
a murmured tenderness, hot kiss of skin,
the touch of words, and wordless,
the too much for five senses taste of a lover's name
that never came, no matter how hot it seemed,
cried out. All that to wonder at, and this:
that I am comfortable with the vast,
unknowing ageless all too human gods
from which we came, and you are not.

Hairst

yin leaf
faws orange an broon;
tumshies reekin

                a besom sweeps;
                autumn birls confetti
                intae snell wind

                                  a howlet hoots;
                                  ablow yon nakit trees,
                                  a bairn greets

Lowe

Here it loups again,
yon wind whit skelps
tae bone, scuddin
roon ribs, brekin
the soond barrier
tae strip doon bens
tae scabbit rock,
blast ower cauld
tae greet, a stake
through nae hert,
beat streeched oot
tae yin lang shriek whit tims
its yowl ower aw,
scaurs crag an peak
wi gorse, rips oot thocht,
fierce athoot fire, peety,
life spat oot like teeth
efter a fecht wi a waw.

Cry it cauld, sair,
lost, alane, no wantit,
needit, gien or gein.
Cry it daith, livin, pain.
Haud oot nae hope,
it's whit w'ur born tae.
Just this, aw this,
bein, nae mair.

Sweetness

life is sweet, he tells me
as if I never knew,

and all the sweetnesses
of touch and taste, sight
sound or scent spin through
like prayer, like praise:

a wild sky, the lily's perfume,
rising birdsong after rain,
the grace of trees, earthiness
drumming on torrential waters.

Ach, lists. Grief is love, the grave
of a child, the remembered nape
of a lover's neck, tears in a grown son's eye,
the hand of a sister held till death.

Life is bearing the unbearable
sweetness through the terror of it.
Pinned down in the abuse
of children, youth raped,

adult blood on bare hands;
the stalking fear that bides cold time
threatened behind each opening door
we walk to freedom through.

Life is the hurt and harm in it,
so sweet, so sweet we pay
the living of it to the final
stop.

Reason

mibbe the love in a hert
jist runs oot, the same wey
watter runs doon a drain
an rain eventually doesnae
onywhaur but Scotland

mibbe it jist gangs oot
like a fire waantin fuel
or gomerals oan Setterday nichts
jaiketless, gruppin alcopops

mibbe
the same wey wind draps
it jist stoaps.

or mibbe ye killt it
knoacked it oan the heid
wi less than enthrallin sales targets
an *this is whit ye cry a receipt*
batterin oan wi every dull detail
o yer incredibly borin joab

mibbe ye talked it tae daith

Ay a Bore Het Throu Ice

Oan yer windae, November's hint-end snell harls the gless,
nichtly staurs fae ma caulder fushionless daurk. Lassie,
ah'd gledly gie a pink unicorn fur yer twa-sate caur, masell
bricht beams whit skite ower skatin-rink, licht up auld picturs.
Yin smooch oan the Moldijk, gaun sooth, ay a bore het throu ice.
Nae warld noo, thirled tae winter. Braw, the wey oor braith
harled thae shoap windaes thon day, daunderin yon new toon,
eichty-three it wis. Simple Minds? Twa donnert gowks
jiggin at Jansen's thon nicht oan the Handboogstraad.
Ma New Wave shift wis aheid ae you. Ah makit up the poke,
scrievit Big Sleep ower it, stuck ma neb intae Lodeizen;
efter thon ah wis yer makar. Noo, ah've slunk awa, scunnered
seik, tae coorie, disjaskit, dumfounert, oan the ootskirts, noo
ma een are scaddit wi the threip ae the faw, ower an ower
thae poplars hae strippit aff tae staun staurkers oan the bankin.
Ah mind yit oan thon swan egg, burstit in yer haun.
A muckle yella sun fur the wair. Och, gien a dwam, ah'd waash
awa yer burnoot like ah yince dichted yolk fae yer chowk. Yince
mair ye daunder alane by foreland huts nae langer yaised, gawk
oot ower mirky Wadden watter whaur baith oor mithers sailed,
whaur the haar cams sleekin doon tae smoor ye, gin the blaw
hauds back, ah wid teir thon lift tae mak fair wather glimmer
in the wrack, a heavin in Mey's happit whyte clood abune strath.
Nae warld noo, thirled tae winter. Yince mair, sair nicht draws
doon nearer-haun than ah care fur, sae here ah'm sat noo tae swally
ma hinmaist gless ae Pink Grapefruit. Nae texts tae read
oan ma ganaboot an the hoose phone's deid. Naethin warks,
waants tae, is gaun tae, needs tae, but hoo could we twa be ither
nor the fowk we wur syne ah furst scrievit us whyter nor snaw.

Translation of Abe de Vries' **In Waarm Wek Altyd**

Ice

the bed is vast
in your absence

green acres of a country
I am too familiar with

poppies might seed here
blue seas rush in

but the wintering sun
won't raise a horizon

and cold skies cannot break
what land has locked down

if I reach out, touch is only
the ice of unbroken space

where hidden wings wait
the turn, and returning

as earth aches, torn apart
by winter's chill mouth

Yin

Bonnie athoot Clyde,
sea wi nae shore

is ay the day
ayont yisterday,
cannae be the morra

whit's love
gien tae naebody

a tune wi nae sang
left tae peter oot,
yin athoot yang.

Loneliness

It's when it's a dug,
no nippin at yer heels
the wey it ay does,
but when walkin back
alang Princes Street
fae a gig whaur ye've talked
tae hunners an left thaim dancin,
lads an lassies, while ye go
fur the train an it gets ye
by the thrapple. Thon's when.

Bed

Arabian tent to torchlight-read in,
a bed as big as a ship, the safest place
to sail through dreams in, bunk beds
for mates, the happy giggling space
childhood might-have-been

but night had been skin-crawling
whispered secret touch as adult stuff
was forced between the sheets of icy silence,
her world laid out dead in bed
at three years old, the life snuffed out.

Identity Caird

He's yin ae thae guid-lookin lads
ay grinning fur nae reason ye kin think oan,
dinnae trust him – *Teacher*

Sleekit wi it, ay watchin whit's gaun oan,
never blinks, it's creepy yon,
widnae turn ma back oan him – *Colleague*

Didnae like me gaun oot,
didnae like me steyin in, didnae like me
but he liked his mither less – *Girlfriend*

Awthing had tae be his wey, peened ye doon,
done whit he liked, battered me if I said owt,
ay ma faut, it wis – *Wife*

Whit a mess hur body is, cut tae ribbons.
DNA, but. See if they yaised identity cairds
we'd ken wha done it – *WPC*

For the Righteous

Though I have walked the tortured road
where death is freedom, where the earth
opens for a broken son, where children
bleed on butcher's hook I cannot speak.

When I saw hope it was an open door,
I took my sons and ran. Homeless then,
no clothes, no food but, maybe, no pain,
no blood to clean up, no more screams.

Oh, there were tears, we fed on fear,
slept in beds of ice. Bravely, I assured
our safety but in lonely hours, prayed
to no gods I believed, to live one week.

Against us voices raised: his family, kirk,
union, friends, doctors, marriage advisors,
the samaritans, social work, s.p.c.c.,
all certain of their right, our wrong.

How strong, how strong must victims be
when bombs explode internally.
Truth does not live in no-man's land
halfway between a liar and his prey.

It took nine years, our week of fear,
of running. We are running still.
Cruelty is plausible, it smiles or weeps
to gain the help of good, kind folk.

Brutality is not stopped by love,
its perpetrators, inhumane, need power,
revenge, obedience, worship. Hearts
on sleeves are food, best eaten warm.

Be careful drumming jingoistic chants
whose cause you curse, what harm done.
Action seen, protested of, in any name,
can leave worse terror flourishing.

War behind closed doors is never peace,
easy is how unseen torture bleeds.
The route to freedom walks a fearful road
and often, silence is the wisest course.

Madness

Today we have microphones for breakfast.
They lurk in smoke alarms, listen in.
We are not alone, or safe now, at home.

At lunch they watch us, our windows
peepholes scrutinised by us. We are
accompanied by fearsome strangers.

They come in waves through radios
or TV sets. The blank screen gapes
while suspect light bulbs are removed.

Tomorrow it may be the nightmares
or the answerphone's silent calls.
It knows when I go out. The house breathes.

He can hear it. I can hear him scream,
in three hour tirades on my failure
to save his life, for help he will not trust.

My son is falling where I cannot reach.
His demons with craziness in their heads
come when summoned. I have let them in.

Blade

the blade is a solitary pursuit,
a single shaft of light,
the shining edge.

the blade is healer, holier than
water, blood or bone,
it alters what it touches,

cuts without wearing,
grows young sharpened on stone.

the blade is harp, a song
sung by keening wind,
a tune whistled in storm.

its stroke is cleaner than death,
returning its deliverance.

the blade keeps its promises,
does not fear deep, yet
will skim a thin skin off.

teasing, it featherstrokes
a lover's breath on throat

whispers its secret,
moonshine light with knowing
self, stark as the shadowless.

you would trade anything
for the shine of it

in your darkness, for the sweep
of freeing kiss, the perfect arc.
treat well with it,

the blade will open up
all tomorrow when you meet.

Mindin

for Joan

The day gangs west yince nicht draps doon
an a lassie heids tae her ain sunset.
Wi hert waur ae the wecht
that she cannae bide hame,
there's nane tae be done baur watch.

Sae it's fower in the morn,
an the watch gey near kept
noo thon lassie's gan tae the quate daurk.
Licht growes ahint tae gowd her back
an yisterdays faw like nicht doon drapt.

Auld Sol

Draw doon lang nicht,
the morra's lowe
wull fling aff daurk.
Mind oan hoo bricht
braith birled oor yirth,
cried back the licht.

Hunt awa fricht
wi hert toom or fu.
Loup the year shair
staurs hurl the hicht
whaur time ay daurs
cry back the licht.

Gie dawn a dicht,
yin thocht turnt roon
tae growe wi the sun.
Think oan whit micht
when mair nor yersell
cries back the licht

an cry back licht,

cry back the licht.

Efter Life

It wis the body
ah couldnae git yaised tae:
the breists; the wecht
oan ma neck, in ma hauns
o ma heid an the sair
bluid coorsin; braith
– aw thon in-oot stuff
ye hae tae keep daen.

Ah'd tell masell
thons ma bahookie, houghs
but it wis ay a shape-shifter hing:
skinny teens, bairn-roon twinties,
hauf-stervit wae, sonsie menopause,
soor-sookit auld age.

Ye've nae notion hoo free
-in it wis, the castin oaf:
yin tick oan the knock, gan.
Nae mair meat tae lug aboot,
flesh shovelled intae grund,
an naw, I dinnae waant it back,
thanks aw the same.

Coontin the Days

Yin: tae rest oan
Twa: tae be at odds, richt or wrang
Three: whit awthing comes in
Fower: squares yon circle
Five: kin git the wark done
Sax: tae mak a warld
Seiven: quarters the muin
Aicht: ower mickle tae love wi
Nine: ower muckle tae blether aboot
Ten: lang enough fur a holiday
Eleiven: lost tae yon sun daudlin ahint the muin
Twall: a streech fae yule tae Christmas tae stymie pagans
Thirteen: fur witches, blue muins an baxters add-oans
Forty: hoo lang it kin rain, nichts includit
Three hunner n'saxty five: yin hale miscoontit year

Cauld

yin ee
keekin roon the blind;
muin ahint gless

        a gerden frostit
        oan a winter nicht;
        sherper staurs

                a rid muin
                hings ahint bare branches;
                the robin noo

Snaw

Daithly quate, yon aul shroud
draps doon slaw, tucks roon
nakit trees, a bush or twa.
Gress sleeps ablow white sheets.

Awbody's abed baur me, ma caur
threids lines alang a road that isnae
there. Whaur I've been rubs oot ahint.
Whaur I'm gaun cannae be seen,

aw virgin. Hoo weel I ken the road
I'm oan, yit trust it bides ablow me
still. Heidlichts pick oot sparks
oan icy bankins, staurs brocht doon.

Howe o the Year

Twa a'clock in the efternin,
it's like drivin throu mornin.
Lime-lit bi sun, coos daunder
amang hoch-heicht impressionist
haar. Lithgae ruifs float oan mulk,
the spire fae St Michael's kirk
fires up tae stickit yon dichtit lift.
Wintur alane kin dae thon, gie
dawn tae the middle ae yer day.

Dawn Chorus

In the early morning plants are silver,
catching grey light before there is light
while earth lingers in night-shadow.

A small bird, dark as the ground it hops on
heads for the remains of badger food,
a first silent sign of the world waking.

I wonder whose ghostly garden this is
and why I have not slept this night
or where the dawn is that comes so slow.

It has taken a lifetime to reach this minute,
to a garden that will soon glow, coloured
and flushed with the burst of bloom;

to a birdlife that will chatter the yard
fighting over feeders that are overfull
with enough for all. A curt woodpecker

stained red; bullyboy greenfinches shoving
gold, at sparrows, siskins while great and good,
the aerodynamic tits swoop in. It's been

so long. The sky is rising yellow under
the belly of storm cloud. The senior black cat
at the window wants in. His bookend number

two, likewise positioned, backs to each other.
Facing the frame, they watch me staring out
as the storm glowers waxy candlelike.

In the night, foxes fought with clacking teeth
among carefully cared-for flowers and trees.
Last night I wrestled the tricks and turns

of a life that makes, and feeds, and frets
and does not know when to end-stop
the multiplication of thought and word.

As the garden colours up, the nightshift
slips into envelopes, day unfolds. Now
nothing more can be done but sleep.

Bairn-Storm

Last nicht's debris jinks,
jookin alang the gutter.
Cans kick agin the kerb,
papers heise like butterflees.

Yin lane drunk heids hame
crab-walkin a crazed road,
daybrek's a skinny wail
frae a feart wheeshtit wean.

Three wummin daunder by,
saris snakin in the wind.
Kingfishers couldnae lowe
mair bricht ablow dreich skies.

Sang fur the Wandert

Warld tirled atween twa hauns,
the furst keek at yon wee inch
shoved apairt, alane, aywis
thon heid dookit in cauld watter,
body scaured wi crookit burns,
ben rookit glens timmed fu
an drookit, gress greenin a back
skelpit wi smirr, ay scourin the lift
fur muin or staur tae licht the yird,
licht oan lost bairns whauraboots,
mind thaim whaur hame is. Prood,

sair prood, yon's a banshee steered,
stushie ay gaun, clanjamfrie stane
tae bide oan, jalousin warum
smit wi saun, a drouth tae bleeze
in braw clouts, brichter claes, a haun
tae haud, haudit oot, haudin oot,
hingin oan ti the boat fetches
weans fae ower the watter,
fetches up word, fowk bletherin
douce mither tongues saut wi notions,
a lowe in the bluid sparkit aff.

It's aw grist, a rare steer birled
roon like a peerie, yin warld,
yin auld hert. Here's tae belang,
whaur a dreich blaw kin dicht aff
the stoor o stravaigin, snaw
as wid thaw tae the come-oan-ben.
It's nae faur tae ony herth yit,
kennlin split, broth het in the pat,
yon knock whit chaps quate time,
a draw, dram gowden in the gless,
thon door ay aff the sneck.

Song for the Lost

Globe turned between two hands,
first grasp of how small this isle
pushed away, alone, always
that head scrubbed by cold water,
flesh flayed with rivered veins,
mountains torn from valleys filled
to flooding, grass greening a back
beaten by rain, forever the sky
scanned for moon or star to light
the earth, light on lost children,
remind them where home is. Proud,

too proud, it's caterwaul crazed,
a riot born, rabble-rousing rock
to live on, dreaming of warmth
drenched in sand, a drought blazing
bright colours, fine cloth, a hand
to hold, held out, holding out,
hanging on till the boat brings
the weary across the water,
brings back news, people chattering
sweet native tongues salt with ideas,
a flame in the blood sparked off.

It's all grist, a spinning-top hum
of one world, the beat of one
old heart. Here is to belong,
where a wet wind can wipe off
the dust of wandering, snow
that could melt with the welcome.
It's not far to a fireside yet,
kindling stacked, hot soup in the pot,
the clock that chimes quiet time,
a smoke, drink glowing in the glass,
that door always unlocked.

Some other books published by **LUATH** PRESS

Luath Scots Language Learner: An Introduction to Contemporary Spoken Scots
L Colin Wilson
ISBN 978-1-906307-43-1 PBK
£16.99
ISBN 978-1-842820-26-1 2CD
£16.99

This book/CD set, available separately, conveys the authentic pronunciation, especially important to readers from outside Scotland. It is suitable as an introductory course or for those interested in reacquainting themselves with the language of childhood and grandparents. There are various dictionaries and grammar books available, but this is the first-ever language course. The book assumes no prior knowledge on the reader's part. Starting from the most basic vocabulary and constructions, the reader is guided step-by-step through Scots vocabulary and the subtleties of grammar and idiom that distinguish Scots from English.

This invaluable language course has proved to be much in demand among the public, both at home and abroad.
SCOTS LANGUAGE CENTRE

Modren Scots Grammar: Wirkin wi Wirds
Christine Robinson
ISBN 978-1-908373-39-7 PBK £7.99

Good Scots is not bad English. But what is good Scots?

The Scots language is governed by grammar rules, just like any other language. In this book, you will find concise explanations, clear examples and exercises which allow you to practice what you've learned.

Topics covered include: parts of speech (nouns, verbs, adjectives, etc.); constructing sentences; phrases and clauses; good style; and punctuation.

By the time you finish reading this book, you will have the tools needed to describe the Scots language correctly and confidently.

Details of these and other books published by Luath Press can be found at: **www.luath.co.uk**

Luath Press Limited
committed to publishing well written books worth reading

LUATH PRESS takes its name from Robert Burns, whose little collie Luath (*Gael.*, swift or nimble) tripped up Jean Armour at a wedding and gave him the chance to speak to the woman who was to be his wife and the abiding love of his life. Burns called one of 'The Twa Dogs' Luath after Cuchullin's hunting dog in Ossian's *Fingal*. Luath Press was established in 1981 in the heart of Burns country, and now resides a few steps up the road from Burns' first lodgings on Edinburgh's Royal Mile.

Luath offers you distinctive writing with a hint of unexpected pleasures.

Most bookshops in the UK, the US, Canada, Australia, New Zealand and parts of Europe either carry our books in stock or can order them for you. To order direct from us, please send a £sterling cheque, postal order, international money order or your credit card details (number, address of cardholder and expiry date) to us at the address below. Please add post and packing as follows: UK – £1.00 per delivery address; overseas surface mail – £2.50 per delivery address; overseas airmail – £3.50 for the first book to each delivery address, plus £1.00 for each additional book by airmail to the same address. If your order is a gift, we will happily enclose your card or message at no extra charge.

Luath Press Limited
543/2 Castlehill
The Royal Mile
Edinburgh EH1 2ND
Scotland

Telephone: 0131 225 4326 (24 hours)
email: sales@luath.co.uk
Website: www.luath.co.uk